BEI GRIN MACHT SICH IHR WISSEN BEZAHLT

- Wir veröffentlichen Ihre Hausarbeit, Bachelor- und Masterarbeit

- Ihr eigenes eBook und Buch - weltweit in allen wichtigen Shops

- Verdienen Sie an jedem Verkauf

Jetzt bei www.GRIN.com hochladen
und kostenlos publizieren

GRIN

Ernst Probst, Heiko Peter Melle

Sturzflüge für Deutschland

Kurzbiografie der Testpilotin Melitta Schenk Gräfin von Stauffenberg

GRIN Verlag

Bibliografische Information der Deutschen Nationalbibliothek:

Die Deutsche Bibliothek verzeichnet diese Publikation in der Deutschen National-
bibliografie; detaillierte bibliografische Daten sind im Internet über http://dnb.d-
nb.de/ abrufbar.

Impressum:

Copyright © 2012 GRIN Verlag, Open Publishing GmbH
Druck und Bindung: Books on Demand GmbH, Norderstedt Germany
ISBN: 978-3-656-25609-0

Dieses Buch bei GRIN:

http://www.grin.com/de/e-book/199120/sturzfluege-fuer-deutschland

GRIN - Your knowledge has value

Der GRIN Verlag publiziert seit 1998 wissenschaftliche Arbeiten von Studenten, Hochschullehrern und anderen Akademikern als eBook und gedrucktes Buch. Die Verlagswebsite www.grin.com ist die ideale Plattform zur Veröffentlichung von Hausarbeiten, Abschlussarbeiten, wissenschaftlichen Aufsätzen, Dissertationen und Fachbüchern.

Besuchen Sie uns im Internet:

http://www.grin.com/

http://www.facebook.com/grincom

http://www.twitter.com/grin_com

Melitta Schenk Gräfin von Stauffenberg (1903–1945)

Ernst Probst / Heiko Peter Melle

Sturzflüge für Deutschland

Kurzbiografie der Testpilotin
Melitta Schenk Gräfin von Stauffenberg

Melitta Schenk Gräfin von Stauffenberg
(1903–1945) gewidmet

*

Für wertvolle Hilfe
bei der Entstehung dieser Kurzbiografie
danken die Autoren:

Nachkommen der Familie Schiller,
Berthold Schenk Graf von Stauffenberg
und dem Autor Gerhard Bracke

Inhalt

Vorwort

Mit einer außergewöhnlichen Persönlichkeit ihrer Zeit befasst sich die Kurzbiografie über Melitta Schenk Gräfin von Stauffenberg der Autoren Ernst Probst aus Wiesbaden und Heiko Peter Melle aus Albstadt. Die fliegende Gräfin tat sich in den 1930-er und 1940-er Jahren als Entwicklungsingenieurin und Testpilotin hervor. Zu ihren besonderen Leistungen gehören mehr als 2.500 Sturzflüge mit Sturzkampfflugzeugen. Die mutige Pilotin litt unter einem ungeheuren Gewissenskonflikt. Einerseits war sie wegen ihres jüdischen Vaters und wegen ihrer Verwandtschaft mit ihrem Schwager Claus Schenk Graf von Stauffenberg, der das missglückte Attentat auf den Diktator Adolf Hitler verübt hatte, keine Anhängerin der Nationalsozialisten. Vermutlich war sie neueren Erkenntnissen zufolge sogar in die Attentatspläne eingeweiht. Andererseits tat sie alles, um die kämpfenden Verbände zu unterstützen. Kurz vor Ende des Zweiten Weltkriegs wurde sie bei einem Flug mit ihrer unbewaffneten Maschine zu ihrem inhaftierten Ehemann von einem amerikanischen Jagdflugzeug abgeschossen und starb im Alter von nur 42 Jahren.

Sturzflüge für Deutschland

Melitta Schenk Gräfin von Stauffenberg,
geborene Schiller

Rathaus von Krotoschin
(heute Krotoszyn in der Woiwodschaft Großpolen),
dem Geburtort
von Melitta Schenk Gräfin von Stauffenberg,
geborene Schiller, bei Nacht

Als beste deutsche Testpilotin, am vielseitigsten ausgebildete Fliegerin und als zweiter weiblicher Flugkapitän ihres Heimatlandes ging Melitta Schenk Gräfin von Stauffenberg (1903–1945), geborene Schiller, in die Geschichte der Luftfahrt ein. Sie unternahm mehr als 2.500 nervenaufreibende Sturzflüge mit Sturzkampfflugzeugen, um Zielgeräte zu verbessern. Kurz vor Ende des Zweiten Weltkrieges (1939–1945) starb die mutige Frau den Fliegertod.

Melitta Klara Schiller kam am 9. Januar 1903 in der Kreisstadt Krotoschin in der damaligen preußischen Provinz Posen zur Welt. Der Vater Michael Schiller war Bauingenieur, Baurat und preußischer Beamter. Die jüdischen Großeltern väterlicherseits hießen Moses Hirsch und Chaija, geborene Serebrennyi. Moses betätigte sich zunächst in Brody für einen Textilhändler im Außendienst. Nach dem Umzug von Brody nach Odessa (Ukraine) erfolgte die Namensänderung von Hirsch in Schiller. In Odessa erlernte Moses den Textilhandel. Um 1860 ließ sich Moses Schiller in Leipzig nieder, wo er das „Commissions-, Export- & Speditions-Geschäft M. Schiller" führte.

Die evangelische Mutter Margarethe Schiller, geborene Eberstein, war die Tochter eines Schulrats aus Bromberg. Schon vor der Heirat mit ihr hatte Michael Schiller ebenfalls den evangelischen Glauben angenommen. Melitta wuchs zusammen mit ihren vier Geschwistern Marie-Luise, Otto, Jutta und Klara auf.

Melitta Schiller besuchte ab 1909 die städtische Höhere Mädchenschule in Krotoschin. Im Ersten Weltkrieg (1914–1918) diente ihr 53-jähriger Vater als Landsturmhauptmann beim Landsturm im Bereich Krotoschin und Umgebung. Der Landsturm wurde vor allem zu Standort-, Grenzschutz- und Bewachungsaufgaben heranzogen. Die Mutter und die älteste Tochter leisteten Sanitätsdienst. Melitta und die jüngeren Geschwister wurden zur Großmutter nach Schlesien gebracht. Während des Ersten Weltkrieges imponierte Melitta ihr Onkel Ernst Eberstein, der Flieger war, besonders. Ab Ostern 1917 ging sie auf das Mädchengymnasium der königlichen Luisenstiftung in Posen. Nach dem verlorenen Krieg fiel die Provinz Posen, in der Melitta zur Welt gekommen war, an Polen.

1919 wechselte Melitta Schiller auf das Mädchengymnasium in Hirschberg (Schlesien), wo sie 1922 ihr Abitur ablegte. Bereits während der Schulzeit interessierte sie sich für die Fliegerei und nutzte in Hirschberg die Gelegenheit zum Segelflug. Nach dem Abitur studierte „Litta" von 1922 bis 1927 Mathematik, Physik und Flugmechanik an der „Technischen Hochschule München".

1923 fragte Melitta bei der kurz zuvor gegründeten „Akademischen Fliegergruppe" an, ob sie eintreten und Pilotin werden dürfe. Geheimrat Hans Georg Grimm (1887–1958), der Leiter dieser Fliegergruppe, wollte Melitta von ihrem Wunsch abbringen und erklärte ihr, dass sie als Pilotin im Falle eines Krieges einrücken müsse. Melitta ließ sich davon nicht abschrecken und war dazu bereit, ihre Zusage, ins Feld zu gehen, schriftlich zu bestätigen. Doch der Geheimrat blieb beim Nein.

Der Vater von Melitta ließ sich 1925 vorzeitig pensionieren und zog von Krotoschin nach Oliva (Danzig) um. Weil er nur die Ausbildung der jüngeren Kinder finanzieren konnte, musste Melitta das Geld für ihr Studium durch Privatunterricht und Kurse für Kommilitonen verdienen. 1927 bekam sie ihr Diplom mit Auszeichnung, arbeitete kurz bei der „Schiffsbau-Versuchsanstalt Hamburg" und erhielt anschließend eine Stelle als Diplom-Ingenieur bei der „Deutschen Versuchsanstalt für Luftfahrt" („DVL") in Berlin-Adlershof.

Neun Jahre lang befasste sich Melitta Schiller bei der „DVL" vor allem mit der Flugmechanik und mit den Verstellluftschrauben, wobei sie theoretische und experimentelle Untersuchungen vornahm. Neben ihrer wissenschaftlichen Arbeit ließ sie sich ab 1929 systematisch zur Flugzeugführerin ausbilden und konnte zuletzt selbst die für ihre wissenschaftlichen Arbeiten nötigen Erprobungsflüge durchführen

Bei der Hochzeit des Freiherrn Paul von Handel (1901–1981) mit Elisabeth Gräfin von Üxküll (1911–1980) am 9. April 1931 in Berlin-Zehlendorf lernte die 28 Jahre alte Melitta Schiller den zwei Jahre jüngeren Alexander

Wilhelm II. (1848–1921), König von Württemberg

Schenk Graf von Stauffenberg (1905–1964) kennen, verliebte sich in ihn und wurde fortan seine Lebensgefährtin. Zu dieser Hochzeit ist Melitta Schiller von Paul von Handel, einem Arbeitskollegen bei der „Deutschen Versuchsanstalt für Luftfahrt", eingeladen worden. Seine Braut war eine Cousine von Alexander. Von ihrem Charakter her unterschieden sich Alexander und Melitta sehr. Alexander war stark musisch und dichterisch veranlagt, sozusagen ein Denker und Träumer, aber eher kein Mann der Tat. Melitta dagegen strotzte voller Energie und Tatkraft, gab in ihrer Beziehung den Ton an und nahm Alexander die Sorgen des Alltags ab.

Die Eltern von Alexander waren Alfred Schenk Graf von Stauffenberg (1860–1936) und dessen Ehefrau Caroline, geborene Gräfin von Üxküll-Gyllenband (1875–1956). Der Vater diente als letzter Oberhofmarschall des Königs Wilhelm II. (1848–1921) von Württemberg. Alexander und sein Zwillingsbruder Berthold (1905–1944) kamen am 15. März 1905 in Stuttgart zur Welt, wo sie im „Alten Schloss" und im Sommersitz in Lautlingen (heute ein Stadtteil von Albstadt) aufwuchsen. Zwei Jahre später wurden am 15. November 1907 in Jettingen im Königreich Bayern erneut Zwillinge geboren. Einer davon war Claus Schenk Graf von Stauffenberg (1905). Der andere Zwilling namens Konrad Maria starb bereits einen Tag nach der Geburt.

Das Schloss in Lautlingen
(heute ein Stadtteil von Albstadt)
– hier auf einer alten Ansichtskarte abgebildet –
war der Sommersitz
der Schenken von Stauffenberg.

Von seiner Mutter wurde Alexander als fröhliches, ge-
selliges und musisches Kind beschrieben. Bis 1913 ge-
nossen er und sein Bruder Berthold privaten Elemen-
tarunterricht. Anschließend besuchten sie das Eber-
hard-Ludwigs-Gymnasium in Stuttgart. Während seiner
Schulzeit befasste sich Alexander mit zahlreichen
Dichtern, vor allem mit Stefan George und Shakespeare.
Bereits in jungen Jahren schrieb er selbst Gedichte. Wie
seine Brüder hat auch Alexander musiziert. Er spielte
Klavier, Berthold Violine, Claus Cello.
1923 legte Alexander erfolgreich seine Reifeprüfung ab.
Im Mai 1923 schrieb er sich an der Universität
Heidelberg ein. Vom Frühjahr 1923 an hatte er prägende
Begegnungen mit dem Dichter Stefan George (1868–
1933). Letzterer bevorzugte allerdings die Brüder
Berthold und Claus, obwohl Alexander von den
Stauffenberg-Brüdern dichterisch am begabtesten war.
Beim Kavallerieregiment 18 in Ludwigsburg absolvierte
Alexander eine harte drei Monate lange Ausbildung.
Im nächsten Semester kam Alexander über Umwege
zum Studium der klassischen Altertumswissenschaft.
Er studierte in Tübingen, Jena, München und Halle an
der Saale, schloss 1928 in Halle ab und habilitierte sich
1931 für alte Geschichte in Würzburg. Danach lehrte er
in Gießen und Würzburg und wurde 1936 zum au-
ßerordentlichen Professor in Würzburg ernannt. Bereits
damals lehnte er das nationalsozialistische Regime sehr
offen und oft unvorsichtig ab, heißt es über ihn.

*Ehepaar Alexander
und Melitta Schenk Graf von Stauffenberg
in Würzburg.
Das Foto entstand in den 1940-er Jahren.*

Auf eigenen Wunsch und mit Zeugnis schied Melitta
Schiller 1936 aus der „DVL", die faktisch dem
Luftfahrtministerium unterstand, aus. Gelegentlich heißt
es in der Literatur, Melitta sei wegen ihres jüdischen
Vaters von der „DVL" entlassen worden. Danach
wechselte sie zu den „Askania-Werken" in Berlin-
Friedenau, wo sie zunächst für die zweimotorigen
Dornier-Flugboote „DO 18" und später für die
viermotorigen „Blohm & Voß BV 139" der „Deutschen
Lufthansa" eine gut funktionierende automatische
Kurssteuerung entwickelte. Außerdem hatte sie Anteil
an der Entwicklung der so genannten „Askania-3-
Achsensteuerung", die anstrengende Langstreckenflüge
merklich erleichterte.
Beim 19. „Deutschen Historikertag" vom 5. bis 7. Juli
1937 in Erfurt hielt Alexander Schenk Graf von Stauffenberg einen Vortrag, in dem er keine Rücksicht auf
die damals übliche nationalsozialistische Verherrli-
chung der Germanen nahm. Damit löste er eine heftige
Diskussion über seine Aussagen aus. Für Aufsehen unter
den rund 400 Teilnehmern sorgte der Auftritt des zwei
Meter großen Jenaer Historikers Günther Franz (1902–
1992), genannt „Bauern-Franz", in SS-Uniform. Der
Versuch des Historikers Walter Frank (1905–1945),
diesen Historikertag zu einer Demonstration im Sinne
des NS-Regimes zu nutzen, gelang nur teilweise.
Am 11. August 1937 heirateten Alexander Schenk
Graf von Stauffenberg und Melitta Schiller in Berlin-

Alexandrine Gräfin von Üxküll-Gyllenband (1873–1963)
und Melitta Schenk Gräfin von Stauffenberg (rechts)
in der Schwesterntracht des „Deutschen Roten Kreuzes"

Wilmersdorf. Zum Zeitpunkt ihrer Eheschließung galten bereits die so genannten „Nürnberger Rassegesetze". Aus diesem Grund war die Heirat von Alexander mit Melitta, die einen jüdischen Vater hatte, ein mutiger Schritt im nationalsozialischen Deutschland. Den Wunsch nach Kindern stellte das Paar zunächst zurück.

Als einzige Frau in Deutschland besaß Melitta 1937 alle Flugzeugführerscheine für sämtliche Klassen von Motorflugzeugen und den Kunstflugschein. Außerdem hatte sie alle Scheine für den Segelflug und Segelkunstflug erworben und erfolgreich an zwei Blindfluglehrgängen der „Deutschen Lufthansa" teilgenommen. Sie war die am vielseitigsten ausgebildete Flugzeugführerin Deutschlands.

Am 28. Oktober 1937 ernannte man Melitta Schenk Gräfin von Stauffenberg als zweite Frau in Deutschland zum Flugkapitän. Kurz vor ihr war Hanna Reitsch (1912–1979) der erste weibliche Flugkapitän in Deutschland geworden.

Anfang 1939 hat man Alexander Schenk Graf von Stauffenberg als Unteroffizier der Reserve aktiviert. Bald darauf wurde er aber bereits wieder entlassen.

Zu Beginn des Zweiten Weltkrieges wollte Melitta Schenk Gräfin von Stauffenberg ihr Können in den Dienst des „Deutschen Roten Kreuzes" („DRK") stellen. Beim „DRK" war ihre Tante Alexandrine Gräfin von Üxküll-Gyllenband (1873–1963) eine verdienstvolle

Sturzkampfbomber („Stuka") „Junkers Ju 87D"
im Flug

Oberin. Alexandrine gehörte neben der Schwedin Elsa Brändström (1888–1948) zu den wenigen deutschen Schwestern, die unter dem Schutz des „Internationalen Komitees vom Roten Kreuz" („IKRK") die deutschen Kriegsgefangenen des Ersten Weltkriegs in Russland besuchen durfte.

Im Oktober 1939 wurde Melitta Schenk Gräfin von Stauffenberg von den „Askania-Werken" in Berlin-Friedenau zur Erprobungsstelle der Luftwaffe in Rechlin am Müritzsee (Mecklenburg) dienstverpflichtet. Ihre Aufgabe in der Erprobungsabteilung „E7" war die Zielgeräteerprobung vor allem der Sturzflugvisiere für den Sturzkampfbomber („Stuka") „Junkers Ju 87" und später auch für die „Ju 88".

Um die Verbesserungen der Zielgeräte zu kontrollieren, nahm Melitta mehr als 2.500 Sturzflüge von etwa 4.000 auf 1.000 Meter Flughöhe vor. An manchen Tagen absolvierte sie mehr als 15 dieser physisch sehr belastenden Sturzflüge und wertete sie aus. Eine solche Leistung ist von niemand auch nur annähernd erreicht worden. Die steilen Zielstürze mit Flugzeugen der Klassen B unc C wurden gefilmt und vermessen.

Im Kriegsjahr 1941 galt Melitta Schenk Gräfin von Stauffenberg wegen ihres jüdischen Vaters als „jüdischer Mischling". Der nationalsozialistische Reichsmarschall und Luftfahrtminister Hermann Göring (1893–1946) setzte sich persönlich dafür ein, dass die Arbeit von Melitta als Testpilotin als „kriegswichtig" eingestuft

wurde und das „Reichssippenamt" sie 1941 für
„deutschblütig" und als mit „arischen" Personen
„Gleichgestellte" erklärte. Dies ersparte Melitta und ihrer
jüdischen Familie die Deportation ins Konzentrationslager („KZ") und vermutlich auch die Ermordung.
Zwischen 1935 und 1941 hatten rund 10.000 Deutsche
mit jüdischen Vorfahren entsprechende Anträge gestellt,
von denen nur knapp 300 erfolgreich waren.

Ab Frühjahr 1942 arbeitete Melitta bei der „Technischen
Akademie der Luftwaffe" in Berlin-Gatow im nervenaufreibenden Erprobungsdienst. Bei dieser Arbeit setzte
sie wiederholt ihr Leben aufs Spiel, weil immer öfter
alliierte Flugzeuge in die Erprobungslufträume ein-
drangen und sie abgeschossen werden konnte.

Der Ehemann von Melitta wurde 1942 in das Artillerie-
Regiment 389 einberufen, zum Offizier befördert und
an die russische Front beordert. Wegen einer Verwun-
dung entging Alexander Schenk Graf von Stauffenberg
dem Einsatz in Stalingrad. Bis zu seiner Genesung lag
er in Würzburg. Danach berief man ihn an den althistorischen Lehrstuhl der Universität Straßburg. Er
wurde aber bald erneut an die Ostfront geholt.

Für ihre große Tapferkeit wurde Melitta Schenk Gräfin
von Stauffenberg am 22. Januar 1943 mit dem „Eisernen
Kreuz II. Klasse" ausgezeichnet. Luftfahrtminister
Göring überreichte ihr das „Eiserne Kreuz II. Klasse"
am 28. Januar 1943 persönlich bei einem Mittagessen in
seiner Villa. Dabei reichte man Fisch, Topfen-

pfannkuchen und leichten Tischwein. Wenig später
erhielt Melitta das „Goldene Flugzeugführerabzeichen
mit Brillanten und Rubinen".

In ihrer knappen Freizeit verfasste Melitta Schenk Gräfin
von Stauffenberg zwei wissenschaftliche Arbeiten für
ihre Promotion und Habilitation. Ihre bei der „Technischen Hochschule Berlin" eingereichte Promotions-
arbeit wurde 1943 von ihrem Doktorvater Professor
Walter Kucharski (1889–1958) günstig beurteilt.

Ende 1943 wurde Alexander Schenk Graf von
Stauffenberg zum zweiten Mal in Russland verwundet.
Wieder genesen, hoffte er, an seinen Lehrstuhl in
Straßburg versetzt zu werden. Silvester 1943 stellte er
sein Buch „Tod des Meisters" fertig, in dem er den
deutschen Dichter Stefan George würdigte.

Am 1. Mai 1944 wurde Melitta in den Vorstand der
neugegründeten „Versuchsstelle für Flugsondergeräte"
in Berlin-Gatow berufen und mit der technisch-wissenschaftlichen Leitung betraut. Damit die „Deutsche
Luftwaffe" auch nachts einmotorige Tagjäger gegen
alliierte Luftwaffen einsetzen konnte, vollendete sie das
von ihr entwickelte Nachtlandeverfahren für die
einmotorige Nachtjagd in höchster Perfektion.

Der Generalleutnant und Kommandeur der Luft-
kriegsakademie Berlin-Gatow, Robert Knauss (1892–
1955), schlug am 11. Januar 1944 dem Reichsluftfahrt-
ministerium in Berlin Melitta Schenk Gräfin von
Stauffenberg für die Verleihung des „Eisernen Kreuzes

Dichter Stefan George (1868–1933)

I. Klasse" vor. Zur Begründung schrieb er, sie habe seit Kriegsbeginn rund 2.000 Sturzflüge und eine große Anzahl sonstiger Flugerprobungen durchgeführt. Insgesamt erwähnte er 25 Flugerprobungen von der Erfassung des Windeinflusses für den Bombenwurf aus dem Sturzflug bis zu Untersuchungen über die Tiefsturzanlage (TSA).

In die Pläne ihres Schwagers Claus Schenk Graf von Stauffenberg (1907–1944) für ein Attentat auf den nationalsozialistischen Diktator Adolf Hitler (1889–1945) war Melitta offenbar eingeweiht. Ein Eintrag im Tagebuch von Melitta beweist, dass sie am 16. Juli 1944 an der Besprechung der Widerständler mit den Stauffenberg-Brüdern Claus und Berthold in deren Berliner Wohnung in der Tristanstraße teilnahm. Bei diesem Treffen wurde die endgültige Entscheidung über das Attentat getroffen. Melitta hat dabei mit Claus und nach dessen Weggang mit Berthold bis spät in die Nacht geredet und am nächsten Tag sogar noch mit Claus gefrühstückt.

Über das geplante Attentat hat Melitta offenbar mit ihrem Arbeitkollegen Paul von Handel gesprochen, was mitunter bezweifelt wurde. Sie konnte ihren Schwager Claus nach dem Attentat auf Hitler im Führerhauptquartier „Wolfsschanze" bei Rastenburg in Ostpreußen aber nicht nach Berlin fliegen. Denn die ihr zur Verfügung stehende Maschine des Typs „Fieseler Storch" wäre für diesen langen Flug denkbar ungeeignet gewesen.

*Foto oben: Inneres der zerstörten Baracke
im Führerhauptquartier „Wolfsschanze" bei Rastenburg
in Ostpreußen nach dem missglückten Attentat
auf den Diktator Adolf Hitler am 20. Juli 1944.
Dieses Foto wird meistens seitenverkehrt abgebildet!*

*Foto auf Seite 30: von links nach rechts Claus Schenk
Graf von Stauffenberg, Konteradmiral Karl-Jesko
von Puttkamer, Flieger-General Karl-Heinz Bodenschatz,
Reichskanzler Adolf Hitler
und Generalfeldmarschall Wilhelm Keitel
im Führerhauptquartier „Wolfsschanze" am 15. Juli 1944.
Es ist das einzige Foto,
das Stauffenberg und Hitler zusammen zeigt!*

Claus Schenk Graf von Stauffenberg (1907–1944),
der Schwager von Melitta Schenk Gräfin von Stauffenberg,
verübte am 20. Juli 1944
ein Attentat auf den Diktator Adolf Hitler.

Berthold Schenk Graf von Stauffenberg (1905–1944),
der Schwager von Melitta Schenk Gräfin von Stauffenberg,
beim Prozess gegen die Hitler-Attentäter
vor dem „Volksgerichtshof" am 10. August 1944

Nikolaus Graf von Üxküll-Gyllenband (1877–1944)

Diese verfügte nur über eine geringe Reichweite und hätte riskante Tankstopps einlegen müssen.

Nach dem misslungenen Attentat vom 20. Juli 1944 und dem gescheiterten Putschversuch brachen schwere Zeiten für die Familie Stauffenberg an. Die Brüder Claus Schenk Graf von Stauffenberg (1907–1944) und Berthold Schenk Graf von Stauffenberg (1905–1944) sowie deren Onkel Nikolaus Graf von Üxküll-Gyllenband (1877–1944) wurden hingerichtet. Im Rahmen der Aktion „Gewitter" kamen außer den Frauen und Kindern der Widerstandskämpfer viele Mitglieder der weitverzweigten Sippe der Schenken von Stauffenberg in Haft. Darunter waren auch Alexander Schenk Graf von Stauffenberg und dessen Gattin Melitta. „Sippenhaft" bedeutete in diesen Fällen meistens eine Einweisung in ein „Konzentrationslager" („KZ").

Alexander Schenk Graf von Stauffenberg war zum Zeitpunkt des Attentats seines Bruders Claus auf Hitler als Leutnant beim Artilleriekommandeur des LXVIII. Armee-Korps in Athen aktiv gewesen. Nach dem 20. Juli 1944 beorderte man ihn nach Berlin. Die ihm angebotene Chance zur Flucht nach Ägypten lehnte er ab. Nach mehreren Vernehmungen konnte ihm keine Beteiligung an dem Putsch nachgewiesen werden. Ungeachtet dessen befand er sich bis Kriegsende als so genannter „Ehrenhäftling" in der Gewalt der „Gestapo" und wurde von einem Konzentrationslager ins andere verlegt.

Melitta Schenk Gräfin von Stauffenberg
vollbrachte bei Sturzflügen eine Leistung,
wie sie von niemand auch nur annähernd erreicht wurde.

Wegen ihrer „kriegswichtigen Aufgaben" entließ man Melitta nach sechs Wochen am 2. September 1944 aus der „Sippenhaft". Bald darauf nahm sie ihre Entwicklungstätigkeiten wieder auf. Den Erlass zu ihrer Freilassung und Weiterbeschäftigung hatte der Reichsführer der „SS", Heinrich Himmler (1900–1945), persönlich ausgestellt. In der Folgezeit durfte Melitta offiziell nur noch als „Gräfin Schenk" ohne den Zusatz „von Stauffenberg" arbeiten. Ihren Ehemann Alexander und ihre Schwägerinnen hielt man bis Kriegsende in verschiedenen Konzentrationslagern („KZ"), darunter Buchenwald, und Gefängnissen fest. Melitta nutzte ihre Position, um ihren inhaftierten Verwandten zu helfen, so gut sie konnte. Sie erreichte sogar, dass sie ihren Ehemann einmal im Monat besuchen durfte. Weihnachten 1944 feierte sie zusammen mit den Stauffenberg-Kindern, die man in ein Kinderheim in Bad Sachsa gesteckt hatte.

Melitta Schenk Gräfin von Stauffenberg litt unter einem ungeheuren Gewissenskonflikt. Einerseits war sie wegen ihrer jüdischen Abstammung und wegen ihrer Verwandtschaft mit ihrem Schwager Claus Schenk Graf von Stauffenberg, der das missglückte Attentat auf Hitler verübt hatte, keine Anhängerin der Nationalsozialisten. Vermutlich war sie neueren Erkenntnissen zufolge sogar in die Attentatspläne eingeweiht. Andererseits tat sie alles, um die kämpfenden Verbände zu unterstützen. Im Alter von etwa 40 Jahren sah die

„Gräfin Schenk", wie sie sich nun nennen musste, früh gealtert aus.

Zur geplanten Verleihung des „Eisernen Kreuzes I. Klasse" an Melitta Schenk Gräfin von Stauffenberg kam es nicht mehr. Ihre Dienststelle wurde vom gefährdeten Berlin-Gatow nach Süddeutschland verlegt. Am 8. April 1945 flog Melitta mit einer unbewaffneten „Bücker Bü 181" in Richtung Bayerischer Wald, um dort ihren Mann zu besuchen, der zusammen mit anderen „Sippenhäftlingen" auf dem Weg vom „KZ" Buchenwald zum „KZ" Dachau in einer Schule in Schönberg (Landkreis Freyung-Grafenau) untergebracht worden war. Dort war auch der lutherische Theologe und Teilnehmner am deutschen Widerstand, Dietrich Bonhoeffer (1906–1945), gewesen, den man abholte, zum „KZ" Flossenbürg transportierte und am 9. April 1945 dort ermordete.

Beim Flug nach Schönberg wurde Melitta um 7.40 Uhr von einem amerikanischen Jagdflugzeug etwa zwei Kilometer östlich von Straßkirchen (Landkreis Straubing-Bogen) in Niederbayern von hinten abgeschossen. Nach dem Aufprall ihrer Maschine bat sie die zuerst am Absturzort eingetroffenen Zivilpersonen aus Loh und Straßkirchen, ihr zu helfen und sie aus dem Flugzeug zu heben. Die Helfer stellten fest, dass ein Bein der Pilotin gebrochen war. Ihre Verletzungen wirkten aber nicht lebensgefährlich. Am Absturzort erschien auch der Arzt Dr. Hans Siegl aus Straßkirchen, der seine Hilfe

anbot. Doch inzwischen herbeigeeilte Wehrmachts-
angehörige erklärten, die Verletzte sei bereits durch
einen Truppenarzt versorgt worden. Die Hilfe von Dr.
Siegl sei deswegen nicht mehr erforderlich. Zwei
Stunden später war die 42-jährige Gräfin tot. Offenbar war sie ihren folgenschweren Verletzungen er-
legen.

Man brachte den Leichnam von Melitta in das Kran-
kenhaus „Azlburg" in Straubing. Der dortige Chefarzt
berichtete später:. „Gegen 10 Uhr wurde von der Sani-
tätskolonie Straubing eine weibliche Leiche in Flie-
geruniform eingebracht. Ich konnte von der Toten das
Gesicht und den oberen Teil des von der Uniform be-
deckten Oberkörpers sehen. Das Gesicht war unver-
letzt, die Augen halb offen, die Gesichtszüge nicht ve-
zerrt, sondern ruhig und ernst, der Mund geschlossen.
Die Arme lagen ausgestreckt zu beiden Seiten des
Rumpfes. Da ich bei der tot Eingelieferten kein Recht
auf Leichenschau hatte, ließ ich die Leiche ins Lei-
chenhaus Straubing bringen." Im Straubinger Lei-
chenbuch hieß es über die Todesursache: „Schä-
delbasisbruch, Abriss des linken Unterschenkels, Bruch
des rechten Fußgelenks."

Um den Tod von Melitta rankten sich mancherlei
Gerüchte. Es hieß beispielsweise, sie habe ihren Ehe-
mann Alexander aus der Haft befreien wollen und die
„Gestapo" habe nach dem Absturz ihre ärztliche
Versorgung verweigert.

Grabstätte der Schenken von Stauffenberg
in Lautlingen.
Auf der rechten Seite ist der Name
von Melitta Schenk
Gräfin von Stauffenberg angebracht.

Melitta Schenk Gräfin von Stauffenberg wurde am 13. April 1945 um 15 Uhr auf dem Friedhof „Sankt Michael" in Straubing zur letzten Ruhe gebettet. An der Beerdigung nahmen Offiziere der Luftwaffe und einer Kompagnie der „Fl. Führerschule Straubing" teil. Melitta wurde in der Fliegerkombination, in der man sie nach dem Abschuss aufgefunden hatte, bestattet.

Michael Schiller, der Vater von Melitta, ist kurz nach Kriegsende in Danzig gestorben. Dies geht aus einem Schriftwechsel der Geschwister von Melitta hervor. Die Mutter Margarethe Schiller hat versucht, aus Danzig zu fliehen. Auf der Flucht ist sie dann verschollen, wie viele Tausende anderer Flüchtlinge. Jahrelange Nachforschungen über die näheren Umstände des Todes der Eltern seitens der Familie blieben ergebnislos.

Im Auftrag von Alexander Schenk Graf von Stauffenberg, der als einziger der drei Stauffenberg-Brüder die Nazi-Zeit überlebte, exhumierten zwei Bürger aus Lautlingen einige Monate nach dem Ende des Zweiten Weltkrieges den Leichnam von Melitta und transportierten ihn mit einem Auto nach Lautlingen. Am 8. September 1945 wurden die sterblichen Reste von Melitta in der Familiengruft der Schenken von Stauffenberg bestattet.

In den ersten Jahren nach dem Zweiten Weltkrieg übersetzte Alexander Schenk Graf von Stauffenberg Werke von Homer, Aischylos und Pindar. In seiner Pulikation „Denkmal" würdigte er neben anderen Toten

Alexander Schenk Graf von Stauffenberg im Jahre 1958

des 20. Juli 1944 seine Brüder Berthold und Claus. 1948 folgte er einem Ruf auf den althistorischen Lehrstuhl und kehrte an die Universität München zurück, wo er bis zu seinem Tod arbeitete.

Am 28. Juli 1949 heiratete der Witwer Alexander Schenk Graf von Stauffenberg erneut erneut. Seine zweite Ehefrau Marlene Hoffmann (1913–2001) hatte sich seit 1933 im George-Kreis bewegt. Ab 1938 lebte sie im „Haus Wolters-Thiersch" in Überlingen am Bodensee. Dort war ein neues Zentrum des George-Kreises entstanden. 1944 hatte Marlene den so genannten „Schwur" der Verschwörer um Claus Schenk Graf von Stauffenberg versteckt. Marlene brachte zwei Töchter namens Gudula und Amalberga mit in die Ehe. Alexander hat die beiden Mädchen adoptiert. Allerdings konnten sie wegen des bayerischen Adoptionsgesetzes nur den Namen Stauffenberg und nicht den Titel Gräfin übernehmen. Dr. Gudula Knerr-Stauffenberg hütet heute das geistige Erbe ihres Vaters Alexander.

Während der 1950-er Jahre engagierte sich der Altphilologe Alexander Schenk Graf von Stauffenberg für die „Europa-Union" und das „Kuratorium Unteilbares Deutschland". Er war einer der 44 westdeutschen Professoren, die am 26. Februar 1958 einen Appell für die Schaffung einer atomwaffenfreien Zone und gegen die Atomaufrüstung unterzeichneten. Dieser Appell wandte sich besonders an die westdeutschen Gewerkschaften und rief sie zu gemeinsamen Aktionen

*Linolschnitt des Schlosses in Lautlingen,
Claus Schenk Graf von Stauffenberg zugeschrieben*

Stauffenberg-Gedächtniskapelle (rechts)
und Schloss (im Hintergrund) in Lautlingen

Stauffenberg-Gedächtniskapelle in Lautlingen
mit einer Bronzeplastik des „Auferstehungs-Christus"
des Künstlers Gerhard Marcks (1889–1981)

auf. Am 27. Januar 1964 erlag Alexander Schenk Graf von Stauffenberg in München im Alter von 58 Jahren einem Bronchialkarzinom. Seine letzte Ruhe fand er auf dem Kirchhügel Stephanskirchen bei Hemhof im Chiemgau.

Am 15. November 2007 wurde im Schloss Lautlingen, dem ehemaligen Sommersitz der Schenken von Stauffenberg, eine Stauffenberg-Gedenkstätte eröffnet. Zusammen mit dem Gedenkzimmer – früher „Großer Salon" genannt – wird dort die Erinnerung an die Familie der Schenken von Stauffenberg wachgehalten. Im Garten des Schlosses erfährt man auch außerhalb der Öffnungszeiten Interessantes über die Familiengeschichte und die Baugeschichte. Über die Familie Stauffenberg informiert auch die Internetseite „Gedenkstätte Lautlingen" www.hpmelle.de/stauffenberg des Autors Heiko Peter Melle aus Albstadt.

In einem Interview mit Karl Christ, dem Autor des Buches „Der andere Stauffenberg. Der Historiker und Dichter Alexander von Stauffenberg" (2008) erklärte Dr. Gudula Knerr-Stauffenberg, ihr Vater sei bereits 1943 in die Pläne für ein Attentat auf Hitler eingeweiht gewesen. In der Figurengruppe der Erinnerungsstätte im Stuttgarter „Alten Schloss" spiegelt sich die unterstützende Rolle von Alexander als dritte Figur hinter den Stauffenberg-Brüdern Claus und Berthold wider. Geschaffen wurde diese Skulptur von dem Künstler Urban Thiersch

Berthold Schenk Graf von Stauffenberg

(1901–1970), einem Freund der Stauffenberg-Brüder.

Von den vier Geschwistern Melittas ist der Bruder Professor Dr. Dr. Otto Schiller (1901–1970) am frühesten gestorben. Ihre älteste Schwester Marie-Luise Schiller, verheiratete Lübbert, lebte von 1899 bis 1987. Die 1907 geborene jüngere Schwester Dr. Jutta Schiller, verheiratete Rudershausen, starb 1982. Am längsten wurde Melitta von ihrer jüngsten Schwester Dipl.-Ing. Klara Schiller (1908–1996) überlebt.

2012 erschien das umstrittene Buch „Melitta von Stauffenberg – Ein deutsches Leben" von Thomas Medicus. Nachkommen von Melitta aus den Familien Schiller und Stauffenberg warfen dem Autor, der in ihren Archiven forschen durfte, zahlreiche sachliche Irrtümer vor. Auch in den Medien findet man zahlreiche Verfälschungen der Persönlichkeit von Melitta.

„Litta konnte alles", erklärte Berthold Schenk Graf von Stauffenberg, der 77-jährige älteste Sohn des Hitler-Attentäters Claus Schenk Graf von Stauffenberg, im März 2012 in einem Interview mit dem Hamburger Nachrichten-Magazin „Der Spiegel" über seine Tante. Sie konnte zeichnen, modellieren, jagen, Auto fahren, letzteres aber hart, typisch Flieger. Die Kinder der Familie hätten sie sehr geliebt. Er bewundere sie noch heute. Erst nach dem Krieg habe er erfahre, dass seine Tante eine so genannte

„Halbjüdin" gewesen sei. In dem Interview äußerte der Graf auch, Melitta habe ein enges Verhältnis zu seinen Eltern gehabt. Ihre Freunde seien auch Freunde seines Vaters gewesen. Er halte es durchaus für möglich, dass Melitta etwas von den Attentatsplänen mitgekriegt habe.

*Melitta Schenk Gräfin von Stauffenberg (rechts)
im Juni 1943 in Berlin-Gatow*

3 bis 15 Sekunden in Ohnmacht

Interview mit Oberstarzt Dr. Bernd Brix
über Belastungen beim Sturzflug

Frage: Die deutsche Testpilotin Melitta Schenk Gräfin von Stauffenberg (1903–1945) hat von 1939 bis 1945 insgesamt mehr als 2500 Sturzflüge mit Sturzkampfflugzeugen („Stukas") von etwa 4.000 bis 1.000 Meter Flughöhe unternommen. Wie lief ein solcher Sturzflug technisch ab und wie lange dauerte er?

Antwort: Die Dauer eines Sturzfluges ist abhängig von der zurückgelegten Distanz, der Geschwindigkeit, dem Sturzwinkel und der Ausgangs- und Abfanghöhe. Die erreichte Geschwindigkeit dürfte zwischen 450 und 500 km/h betragen haben. Beim Abfangen des Sturzfluges werden bis zu $+8\ G_z$ erreicht, dies konnte aber auch überschritten werden. Der Ausdruck G_z beschreibt die Achse, in der die Beschleunigungskräfte wirken. Wir unterscheiden die Beschleunigung in den Achsen G_x (von Brust zu Rücken), G_y (von Schulter zu Schulter) und Gz (von Kopf zu Fuß) und umgekehrt. Eine positive Gz-Belastung, die beim Abfangen bei Sturzflügen auftritt, bedeutet damit eine Beschleunigung in der Körperlängsachse, die das Blut auf Grund seiner Trägheit in den unteren Körperhälfte versacken lässt. Die sich daraus ergebenden Probleme sind in den anderen Fragen beschrieben.

*

Frage: Welche körperlichen und seelischen Belastungen musste ein Pilot bei einem solchen Sturzflug aushalten?

Antwort: Das Abfangen dieser Sturzflüge stellt vor allen Dingen eine große Herz-Kreislaufbelastung dar, da unter dieser Beschleunigung das Blut in den unteren Körperpartien (Beine) versackt und somit nicht für die Pumparbeit des Herzens und folglich nicht für die lebensnotwendige Durchblutung des Gehirns zur Verfügung steht. Selbstverständlich ist bei diesen Flugmanövern eine hohe mentale Belastung vorhanden, höchste Konzentration erforderlich.

*

Frage: Hat der Lärm bei einem Sturzflug auf Dauer dem Hörvermögen des Piloten geschadet?

Antwort: Hierzu kann ich keine Angaben machen. Es ist aber anzunehmen, dass im Cockpit eine hohe Lärmbelastung auftrat, Dämmung und Isolation der damaligen Flugzeuge ist sicherlich nicht mit heute zu vergleichen. Arbeitsmedizinische Erkenntnisse und Langzeitbeobachtungen des Hörvermögens von Piloten dieser Zeit sind mir nicht bekannt.

*

Frage: Ist eine Frau wie Melitta den Strapazen eines Sturzfluges weniger gewachsen als ein Mann?

Antwort: Die Fähigkeit, solchen Strapazen und Belastungen gewachsen zu sein, hängt von der körperlichen Konstitution, dem Fitness- und Trainingszustand der jeweiligen Person ganz entscheidend ab. Bedenkt man dies, ist es für eine Frau durch die doch meist geringere Muskelmasse schwer, dies über einen längeren Zeitraum im Sinne der Ausdauer zu bewältigen. Sind die körperlichen Voraussetzungen aber gegeben, ist grundsätzlich kein großer Unterschied zwischen Männern und Frauen zu konstatieren.

*

Frage: Der Vater von Melitta befürchtete, seine Tochter könne durch die Sturzflüge ihre Fähigkeit verlieren, Kinder zu bekommen. War diese Sorge begründet?

Antwort: Darüber ist mir nichts bekannt. Auch Erkenntnisse aus neuerer Zeit liegen nicht vor, obwohl mittlerweile viele Frauen in Kampfflugzeugen eingesetzt sind.

*

Frage: Mit welchen Behinderungen oder Krankheiten kann man keine Sturzflüge wagen?

Antwort: Grundsätzlich erfordert die Tätigkeit als Pilot eine hohe gesundheitliche Fitness. Im Zusammenhang mit der Gesamtfragestellung kann man sicher sagen, dass
– ein hervorragendes Herz-Kreislaufsystem,
– exzellente Sehfähigkeit,
– gesundes Pulmonal-System,
– gesundes HNO-System,
– einwandfreies Nervensystem,
Voraussetzung für eine solche Tätigkeit waren und auch heute noch sind.

*

Frage: Melitta hat an manchen Tagen mehr als 15 strapaziöse Sturzflüge absolviert und ausgewertet. Ist dies eine ungewöhnliche Leistung und wenn ja warum?

Antwort: Auch wenn die hohe Belastung im Rahmen des Abfangens eines solchen Stutzfluges auf wenige Sekunden im Hochleistungsbereich beschränkt ist, ist dies aber auch kumulativ zu betrachten und stellt damit, wenn auch vielleicht nicht immer die Höchstbelastung erreicht wird, eine ungewöhnliche Leistung dar.

*

Frage: Bei ihren nervenaufreibenden Sturzflügen wurde Melitta – so wie männliche Piloten von Sturzkampf-flugzeugen bei ihren Einsätzen im Zweiten Weltkrieg – oft ohnmächtig. Wie wird eine solche Ohnmacht ausgelöst und wie lange dauerte sie?

Antwort: Die Ohnmacht wird durch die Unterver-sorgung des Gehirns, wie schon zu Frage 2 erläutert, durch das Versacken des Blutes in die unteren Kör-perregionen ausgelöst. Dieser so genannte G-induzierte Bewusstseinsverlust dauert zwischen 3 und 15 Sekunden, die nachfolgende Desorientierung und koordinative Defizite können aber die Fähigkeit, ein Flugzeug zu fliegen, bis über 60 Sekunden lang beeinträchtigen.

*

Frage: Wacht man aus einer Ohnmacht beim Sturzflug immer rechtzeitig auf, um das Flugzeug wieder hochzureißen oder besteht die Gefahr eines Aufpralls auf dem Erdboden?

Antwort: Aus dem anfangs Angeführten ergibt sich, dass man
a)   nicht unbedingt wieder handlungsfähig ist, um einen Absturz zu verhindern und damit
b)   selbstverständlich die Gefahr besteht, am Boden zu zerschellen.

*

Frage: Muss man nach einem Sturzflug oder mehreren Sturzflügen jeweils eine Pause einlegen, um wieder zur Besinnung bzw. zur Ruhe zu kommen?

Antwort: Eine Erholungsphase zwischen den Flügen ist sinnvoll, um sich von solchen Belastungen zu erholen. Das „Anarbeiten" gegen die hohen Flieh-/Beschleunigungskräfte erfordert eine hohe muskuläre Anstrengung und Belastung, von der man sich erholen muss.

*

Frage: Verändern Sturzflüge die Psyche eines Menschen? Verfolgen ihn diese tagsüber in seiner Erinnerung oder nachts im Schlaf?

Antwort: Diese Frage kann ich nicht beantworten.

*

Frage: Eine solche fliegerische Leistung, wie sie Melitta bei ihren Sturzflügen vollbrachte, sei von fast niemand oder sogar von niemand auch nur annähernd erreicht worden, heißt es in der Literatur. Werden bei der heutigen „Deutschen Luftwaffe" noch ähnliche Sturzflüge ausgeführt?

Antwort: Es gibt Waffeneinsatzverfahren, die das Abfangen der Maschinen erfordern. Hier sollen maximal +5 Gz Belastung erreicht werden.

*

Frage: Spielen Sturzflüge bei Luftwaffen in der Gegenwart noch eine Rolle?

Antwort: In der beschriebenen Weise, nein.

*

Frage: Die Flugmedizin hat seit den Lebzeiten von Melitta sicherlich Fortschritte gemacht. Sind heute Sturzflüge weniger belastend?

Antwort: Trotz aller medizinischen Fortschritte sind diese hohen Flieh-/Beschleunigungskräfte heute noch genauso belastend wie früher. Die Unterstützung des Piloten durch entsprechende Ausrüstung hat sich aber entscheidend verbessert, so dass die Gefahren einer Ohnmacht und damit eines Flugunfalls extrem reduziert bis ausgeschlossen werden können.

*

Frage: Kennen heutige deutsche Luftwaffenpiloten noch Melitta Schenk Gräfin von Stauffenberg oder haben sie noch nie etwas über sie gehört?

Antwort: Diese Frage kann ich nicht beantworten.

*

Oberstarzt Dr. Bernd Brix ist Leiter der Abteilung Flugphysiologie des flugmedizinischen Instituts der Luftwaffe in Königsbrück.

Melitta Schenk Gräfin von Stauffenberg im Juni 1943

Daten und Fakten

9. Januar 1903: Melitta Klara Schiller wird in Kroto-schin in der damaligen preußischen Provinz Posen als Tochter des jüdischen Bauingenieurs, Baurats und preußischen Beamten Michael Schiller sowie seiner Ehefrau Margarethe, geborene Eberstein, geboren.

1909 bis 1917: Melitta Schiller besucht die städtische „Höhere Mädchenschule" in Krotoschin.

1917 bis 1919: Melitta Schiller besucht das Mädchen-gymnasium in Posen.

1919: Melitta Schiller wechselt auf das Mädchen-gymnasium in Hirschberg (Schlesien). Während der Schulzeit nutzt sie die Gelegenheit zum Segelflug.

1922: Melitta Schiller legt am Mädchengymnasium in Hirschberg ihr Abitur ab.

1922 bis 1927: Nach dem Abitur studiert Melitta (Spitzname „Litta") Mathematik, Physik und Flug-mechanik an der „Technischen Hochschule München".

1923: An der TH München bemüht sich Melitta Schiller erfolglos um Aufnahme in die kurz zuvor gegründete „Akademische Fliegergruppe".

1927: Melitta erhält ihr Diplom mit Auszeichnung, arbeitet kurz bei der „Schiffsbau-Versuchsanstalt Hamburg" und tritt anschließend eine Stelle als Diplom-Ingenieurin bei der „Deutschen Versuchsanstalt für Luftfahrt" („DVL) in Berlin-Adlershof an.

1929: Melitta Schiller lässt sich systematisch zur Flugzeugführerin ausbilden und kann zuletzt selbst die für ihre wissenschaftlichen Arbeiten nötigen Erprobungsflüge durchführen.

9. April 1931: Melitta Schiller begegnet bei der Hochzeit ihres Arbeitskollegen Freiherr Paul von Handel mit Elisabeth Gräfin von Üxküll in Berlin-Zehlendorf erstmals Alexander Schenk Graf von Stauffenberg, der in ihrem Privatleben bald eine wichtige Rolle spielt.

1936: Melitta verlässt auf eigenen Wunsch die „Deutsche Versuchsanstalt für Luftfahrt" in Berlin-Adlershof. Anschließend wechselt sie zu den „Askania-Werken" in Berlin-Friedenau, wo sie für zwei Flugzeuge eine gut funktionierende automatische Kurssteuerung entwickelt.

11. August 1937: Melitta Schiller heiratet in Berlin-Wilmersdorf den Althistoriker Professor Dr. Alexander Schenk Graf von Stauffenberg und heißt fortan Melitta Schenk Gräfin von Stauffenberg.

1937: Als einzige Frau in Deutschland besitzt Melitta Schenk Gräfin von Stauffenberg alle Flugzeugführerscheine für sämtliche Klassen von Motorflugzeugen und den Kunstflugschein.

28. Oktober 1937: Als zweite Frau in Deutschland wird Melitta Schenk Gräfin von Stauffenberg zum Flugkapitän ernannt. Kurz zuvor war Hanna Reitsch der erste weibliche Flugkapitän in Deutschland geworden.

Oktober 1939: Melitta Schenk Gräfin von Stauffenberg wird von den „Askania-Werken" in Berlin-Friedenau zur Erprobungsstelle der Luftwaffe in Rechlin am Müritzsee (Mecklenburg) dienstverpflichtet. Um die Verbesserungen von Zielgeräten zu kontrollieren, unternimmt sie unzählige physisch sehr belastende

Sturzflüge von etwa 4.000 auf 1.000 Meter Flughöhe vor.

Frühjahr 1942: Melitta Schenk Gräfin von Stauffenberg arbeitet bei der „Technischen Akademie der
Luftwaffe" in Berlin-Gatow im Erprobungsdienst.
Diese Arbeit ist lebensgefährlich, weil immer öfter
alliierte Flugzeuge in die Erprobungslufträume
eindringen und sie abgeschossen werden kann.

22. Januar 1943: Für ihre große Tapferkeit erhält Melitta Schenk Gräfin von Stauffenberg das „Eiserne
Kreuz II. Klasse" und wenig später das „Goldene Flugzeugführerabzeichen mit Brillanten und Rubinen".

1943: Die Dissertation von Melitta Schenk Gräfin von
Stauffenberg wird von ihrem Doktorvater als „günstig"
bewertet.

Januar 1944: Melitta Schenk Gräfin von Stauffenberg
wird für die Verleihung des „Eisernen Kreuzes I. Klasse"
vorgeschlagen.

Anfang Mai 1944: Melitta Schenk Gräfin von Stauffenberg wird in den Vorstand der neugegründeten

„Versuchsstelle für Flugsondergeräte" in Berlin-Gatow berufen und mit der technisch-wissenschaftlichen Leitung betraut.

20. Juli 1944: Das Attentat des Schwagers Claus Schenk Graf von Stauffenberg auf den nationalsozialistischen Diktator Adolf Hitler misslingt. Die Brüder Claus und Berthold Schenk Graf von Stauffenberg werden hingerichtet. Deren Frauen und Kinder sowie viele weitere Mitglieder der weitverzweigten Familie der Schenken von Stauffenberg kommen in Sippenhaft. Dieses Schicksal erleiden auch Alexander Schenk Graf von Stauffenberg und dessen Gattin Melitta.

2. September 1944: Wegen ihrer „kriegswichtigen Aufgaben" wird Melitta Schenk Gräfin von Stauffenberg nach sechs Wochen aus der „Sippenhaft" entlassen und nimmt bald darauf unter dem erzwungenen Namen „Gräfin Schenk" ihre Forschungstätigkeiten wieder auf.

8. April 1945: Melitta Schenk Gräfin von Stauffenberg wird bei einem Flug mit einer unbewaffneten „Bücker Bü 181) von einem amerikanischen Jagdflugzeug etwa zwei Kilometer östlich von Strasskirchen (Landkreis Straubing-Bogen) von hinten abgeschossen. Der

Todesschütze ist US-Lieutenant Thomas Norboune. Melitta kann noch notlanden, erliegt aber nach etwa zwei Stunden im Alter von 42 Jahren ihren folgenschweren Verletzungen. Zunächst beerdigt man sie auf dem städtischen Friedhof in Straubing.

Sommer 1945: Die Todesumstände der Eltern von Melitta Schenk Gräfin von Stauffenberg sind nicht bekannt. Sie gelten seit 1945 als verschollen.

8. September 1945: Die sterblichen Reste von Melitta Schenk Gräfin von Stauffenberg werden auf Wunsch ihres Ehemannes Alexander in die Familiengruft der Familie Stauffenberg in Lautlingen (heute ein Stadtteil von Albstadt) überführt.

1949: Der Witwer Alexander Schenk Graf von Stauffenberg heiratet wieder. Seine zweite Ehefrau ist Marlene Hoffmann und bringt zwei Töchter namens Gudula und Amalberga mit in die Ehe.

27. Januar 1964: Alexander Schenk Graf von Stauffenberg erliegt im Alter von 58 Jahren in München einem Bronchialkarzinom. Seine letzte Ruhe findet er auf dem Kirchhügel Stephanskirchen bei Hemhof im Chiemgau.

Stauffenberg-Gedenkstätte in Lautlingen

Im Schloss Lautlingen existiert seit dem 15. November 2007 eine neue Stauffenberg-Gedenkstätte. Sie erinnert zusammen mit dem Gedenkzimmer – früher als „Großer Salon" bezeichnet – an die Familie der Schenken von Stauffenberg. Im Garten des Schlosses stehen moderne Stelen. Dort können sich Besucher/innen auch außerhalb der Besuchszeiten der Gedenkstätte über die Familiengeschichte und die Baugeschichte des Schlosses informieren. Zur Gedenkstätte gehört die Gedächtniskapelle bei der katholischen Pfarrkirche Sankt Johannes Baptista, die nur wenige Schritte vom Schloss entfernt liegt.

Öffnungszeiten der Gedenkstätte:
Mittwoch, Samstag, Sonntag, Feiertage 14 bis 17 Uhr,
Führungen nach Absprache,
Eintritt 2 Euro, ermäßigt 1 Euro
Weitere Informationen:
Stadtverwaltung Albstadt, Amt Museen,
Gartenstraße 43, 72458 Albstadt

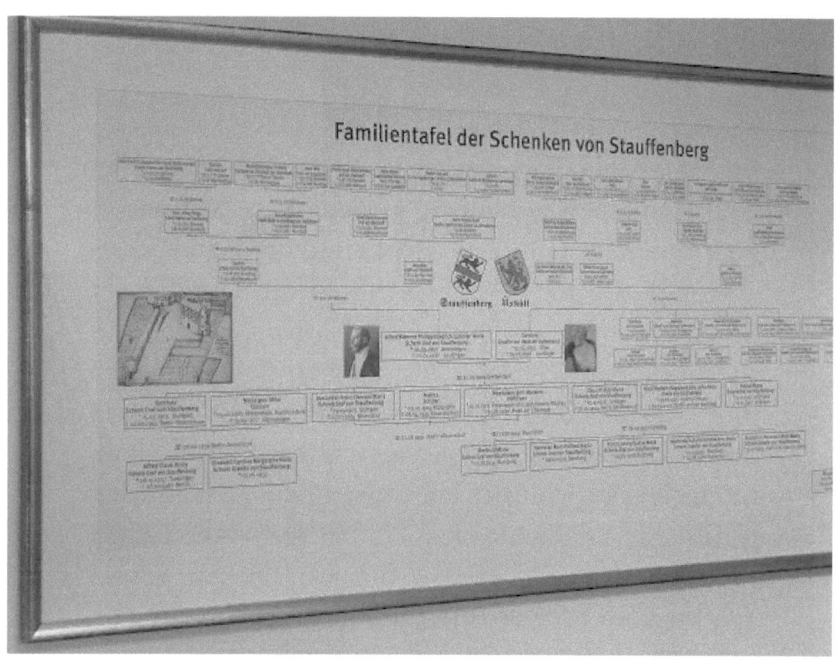

Stauffenberg-Gedenkstätte in Lautlingen:
oben Familientafel der Schenken von Stauffenberg,
unten „Lichtbänder" mit vielen privaten und teils bisher
unveröffentlichten Bildern

Stauffenberg-Gedenkstätte in Lautlingen:
„Gelber Salon",
eingerichtet mit Möbeln
aus dem Besitz
der Familie von Stauffenberg

Stauffenberg-Gedenkstätte in Lautlingen:
„Gelber Salon"

Schlossgarten in Lautlingen
mit Stelen und Informationen
über die Familie der Schenken von Stauffenberg
sowie über die Baugeschichte des Schlosses

Stauffenberg-Erinnerungsstätte
im „Alten Schloss" in Stuttgart

Stauffenberg-Gedenkstätte in Stuttgart

Im „Alten Schloss" in Stuttgart sind die Brüder Alexander, Berthold und Claus Schenk von Stauffenberg aufgewachsen. Ihr Vater Alfred war der letzte Oberhofmarschall des Königs Wilhelm II. von Württemberg gewesen. An diesem geschichtsträchtigen Ort erinnert heute eine Ausstellung an den Hitler-Attentäter Claus Schenk Graf von Stauffenberg sowie an seinen Bruder und Mitverschwörter Berthold. Die Schau informiert über ihre Lebenswege von der behüteten Jugend in Stuttgart über die Karrieren im Staatsdienst bis zum Widerstand gegen das „Dritte Reich" unter Einsatz des eigenen Lebens. Erarbeitet und realisiert wurde die Ausstellung vom „Haus der Geschichte" im Auftrag der Landesstiftung.

Anschrift: Stauffenberg-Erinnerungsstätte,
Altes Schloss, Stauffenberg-Platz, 70173 Stuttgart
Öffnungszeiten: täglich (außer montags)
von 10 bis 18 Uhr
Eintrittspreise: Erwachsene 1,50 Euro,
ermäßigt 1 Euro, Schülerinnen und Schüler frei

Literatur

BRACKE, Gerhard: Melitta Gräfin Stauffenberg –
Das Leben einer Fliegerin, München 1990

CHRIST, Karl: Der andere Stauffenberg. Der
Historiker und Dichter Alexander von Stauffenberg,
München 2008

DER SPIEGEL: Litta konnte alles. Berthold Schenk
Graf von Stauffenberg, 77, ältester Sohn des Hitler-
Attentäters, über seine Tante Melitta, Heft 10, 5. März
2012, Hamburg

HOFFMANN, Peter: Claus Schenk Graf von
Stauffenberg und seine Brüder, Stuttgart 1992

MEDICUS, Thomas: Melitta von Stauffenberg –
Ein deutsches Leben, Berlin 2012

MELLE, Heiko Peter: Stauffenberg
http://www.hpmelle.de/stauffenberg

PROBST, Ernst: Königinnen der Lüfte in Deutschland, München 2010

PROBST, Ernst: Königinnen der Lüfte in Europa,
München 2010

PROBST, Ernst: Königinnen der Lüfte von A bis Z,
München 2010

WIKIPEDIA (Online-Lexikon) http://wikipedia.org

Bildquellen

Autor Ernst Probst

Der Autor Ernst Probst

Ernst Probst, geboren am 20. Januar 1946 in Neunburg vorm Wald im bayerischen Regierungsbezirk Oberpfalz, ist Journalist und Wissenschaftsautor. Er arbeitete von 1968 bis 1971 als Redakteur bei den „Nürnberger Nachrichten", von 1971 bis 1973 in der Zentralredaktion des „Ring Nordbayerischer Tageszeitungen" in Bayreuth und von 1973 bis 2001 bei der „Allgemeinen Zeitung", Mainz. In seiner Freizeit schrieb er Artikel für die „Frankfurter Allgemeine Zeitung", „Süddeutsche Zeitung", „Die Welt", „Frankfurter Rundschau", „Neue Zürcher Zeitung", „Tages-Anzeiger", Zürich, „Salzburger Nachrichten", „Die Zeit", „Rheinischer Merkur", „Deutsches Allgemeines Sonntagsblatt", „bild der wissenschaft", „kosmos", „Deutsche Presse-Agentur" (dpa), „Associated Press" (AP) und den „Deutschen Forschungsdienst" (df).

Aus der Feder von Ernst Probst stammen mehr als 200 Bücher, Taschenbücher, Broschüren und E-Books aus den Themenbereichen Paläontologie, Archäologie und Geschichte. Am bekanntesten sind seine bei C. Bertelsmann erschienenen populärwissenschaftlichen Werke „Deutschland in der Urzeit", „Deutschland in der Steinzeit" und „Deutschland in der Bronzezeit". Zu seinen Spezialitäten gehören aber auch Biografien

über berühmte Frauen aus der Luftfahrt. Neben den
Taschenbüchern „Christl-Marie Schultes. Die erste
Fliegerin in Bayern" (zusammen mit Theo Lederer),
„Tony und Bruno Werntgen. Zwei Leben für die
Luftfahrt" (zusammen mit Paul Wirtz) veröffentlichte
er die Werke „Königinnen der Lüfte in Deutschland",
„Königinnen der Lüfte in Frankreich", „Königinnen
der Lüfte in England, Australien und Neuseeland",
„Königinnen der Lüfte in Europa", „Königinnen der
Lüfte in Amerika", „Königinnen der Lüfte von A bis
Z" und „Frauen im Weltall". Außerdem stellte er
zahlreiche Fliegerinnen, Ballonfahrerinnen, Luft-
schifferinnen, Fallschirmspringerinnen, Astronau-
tinnen und Kosmonautinnen" in Kurzbiografien vor.

Autor Heiko Peter Melle

Der Autor Heiko Peter Melle

Heiko Peter Melle wurde am 29. Juni 1968 in Ebingen geboren. Er arbeitet heute als Verkaufsberater für Nutzfahrzeuge und lebt mit Ehefrau Gudrun und Tochter Stephanie in Albstadt. Seine Liebe zum Schreiben erwachte, als er zum Schulabschluss über das Thema „100 Jahre Kirchengeschichte" eine Abhandlung verfasste, für die er die Traumnote 1 erhielt. Seit 1988 schreibt der heimatverbundene und in zahlreichen Vereinen aktive Heiko Peter Melle als freier Mitarbeiter regelmäßig Artikel für die lokalen Tageszeitungen „Zollernalbkurier" und „Schwarzwälder Bote".
Als die Musikkapelle „Frohsinn Lautlingen", bei der er zehn Jahre lang als Vorsitzender fungierte, ihr 200-jähriges Jubiläum feierte, schrieb Melle die Festschrift. Zur „1200-Jahrfeier Lautlingen" produziert er mit zwei Bekannten eine in Buchform gebundene Festschrift. Im selben Jahr folgte die Festschrift „80 Jahre Kirchweih" aus seiner Feder. Inzwischen ist er auch verantwortlich für die jährlich erscheinenden historischen Chronikberichte des Arbeitskreises Schloss-Scheuer. In der Narrenzunft Kübele-Hannes, die 1999 nach intensiver Forschung mit sieben Mitgliedern gegründet wurde und heute 140 Mitglieder zählt, ist er Zunftmeister. 2005 übernahm er die Geschäftsführung im Blasmusik-Kreisverband Zollernalb, dem er seit 1998 angehört.

In seiner Freizeit beschäftigt sich Heiko Peter Melle am liebsten mit Ahnenforschung und mit dem Internet. Seine Ziele sind die Aufarbeitung der Lautlinger Heimatgeschichte und der Familiengeschichte der Grafen von Stauffenberg sowie der Aufbau eines digitalen Bildarchives mit historischen und aktuellen Bildaufahmen. 2006/2007 war Melle als ehrenamtlicher Mitarbeiter maßgeblich am Aufbau der Stauffenberg-Gedenkstätte im Lautlinger Schloss beteiligt. Neben seinen Vorkenntnissen zum Thema 20. Juli 1944 kamen ihm hier persönliche Verbindungen zur Familie von Stauffenberg sehr zugute. Seit der Eröffnung der Gedenkstätte führt er immer wieder Besuchergruppen durch das Schloss. Sein neuestes Werk „Schloss Lautlingen und die Lautlinger Ortsherren" befasst sich hauptsächlich mit der Geschichte des Gebäudekomplexes, aber auch mit den historischen Hintergründen und den Besitzern innerhalb von 500 Jahren. Das 60-seitige Werk erscheint im Herbst 2012 im Eigenverlag und ist direkt beim Autor zu beziehen. Unter der Adresse www.lautlingen.de findet man die Internetpräsenz des ungewöhnlich vielseitigen Autors.

Publikationen von Heiko Peter Melle

1993: Rückblicke in die Geschichte – 1200 Jahre
Lautlingen
1993: 80 Jahre Kirchweih – 718 Jahre katholische
Kirchengemeinde St. Johannes Baptista Lautlingen
2001: Schloss in Lautlingen einst und heute
2003: Geschichten a. d. Lautlinger Ortschronik 1800–
1850
2004: Geschichten a. d. Lautlinger Ortschronik 1850–
1874
2006: Geschichten a. d. Lautlinger Ortschronik 1875–
1891
2007: Geschichten a. d. Lautlinger Ortschronik 1893–
1903
2008: Geschichten a. d. Lautlinger Ortschronik 1904–
1910
2009: Geschichten a. d. Lautlinger Ortschronik 1911–
1913
2011: Geschichten a. d. Lautlinger Ortschronik 1914–
1919
2012: Schloss Lautlingen und die Lautlinger
Ortsherren

E-Books über „Königinnen der Lüfte"

Aida de Acosta. Erster Alleinflug
mit einem lenkbaren Luftschiff
Elsa Andersson. Die erste Pilotin aus Schweden
Jacqueline Auriol. Sie durchbrach
als erste Europäerin die Schallmauer
Liesel Bach. Deutschlands erfolgreichste
Kunstfliegerin
Pancho Barnes. Amerikas erste Stuntpilotin
Maryse Bastié. Die Fliegerin,
die acht Weltrekorde brach
Jean Batten. Neuseelands berühmteste Pilotin
Melli Beese. Die erste Deutsche mit Pilotenlizenz
Elly Beinhorn. Deutschlands Meisterfliegerin
Vera von Bissing. Eine Kunstfliegerin
der 1930-er Jahre
Sophie Blanchard. Die erste professionelle
Luftschifferin
Adrienne Bolland. Die erste Frau,
die über die Anden flog
Hèléne Boucher. Die französische „Wunderfliegerin"
Kalpana Chawla. Die erste Inderin im Weltall
Jacqueline Cochran. Die „schnellste Frau der Welt"
Bessie Coleman. Die erste Afro-Amerikanerin
mit Pilotenschein

Eileen Collins. Die erste Raumfähren-Pilotin
Hèléne Dutrieu. Die erste Pilotin in Belgien
Amelia Earhart. Die erste Frau, die zwei Mal
über den Atlantik flog
Ruth Elder. Die erste Frau, die den Flug
über den Atlantik wagte
Marga von Etzdorf. Die tragische deutsche Fliegerin
Elise Garnerin. Die „Venus im Ballon"
Sabiha Gökcen. Die erste türkische Pilotin
Frances Wilson Grayson. Tragischer Flug
über den Atlantik
Hilda Hewlett. Die erste britische Fliegerin
Maryse Hilsz. Die Rekordfliegerin aus Frankreich
Luise Hoffmann. Die erste deutsche Einfliegerin
Kara Spears Hultgreen. Die erste „F-14 Tomcat"-
Kampfpilotin
Laura Ingalls. Die erste Amerikanerin,
die über Südamerika flog
Carol Mae Jemison. Die erste afro-amerikanische
Astronautin
Amy Johnson-Mollison. Englands erste
Flugzeugmechanikerin
Thea Knorr. Eine frühe Fliegerin in München
Raymonde de Laroche. Die erste Pilotin der Welt
Ruth Law. Erste Luftpost für die Philippinen
Anne Morrow Lindbergh. Die erste Amerikanerin
mit Segelflugschein.

Anne Löwenstein-Wertheim. Die fliegende Prinzessin
Shannon Lucid. Der längste Raumflug einer Frau
Rita Maiburg. Einer der ersten weiblichen
Linienflugkapitäne
Beryl Markham. Die erste Berufspilotin in Ostafrika
Marie Marvingt. Die „Mutter der Luftambulanz"
Christa McAuliffe. Die amerikanische Nationalheldin
Victoria van Meter. Die jüngste Fliegerin der Welt
Jerry Mock. Im Alleinflug um die Erde
Mathilde Moisant. Eine frühe Fliegerin in den USA
Käthe Paulus. Deutschlands erste Luftschifferin
Thérèse Peltier. Die erste Flugzeugpassagierin
der Welt
Harriet Quimby. Die erste Amerikanerin
mit Flugschein
Bessica Medlar Raiche. Eine der ersten Fliegerinnen
in den USA
Barbara Allen Rainey. Die erste Marinepilotin
der USA
Thea Rasche. The Flying Fräulein
Marina Raskowa. Eine fliegende „Heldin
der Sowjetunion"
Wilhelmine Reichard. Die erste Ballonfahrerin
in Deutschland
Hanna Reitsch. Die Pilotin der Weltklasse
Sally Kristen Ride. Die erste Amerikanerin
im Weltall

Swetlana Sawizkaja. Die erste Spaziergängerin
im Weltall
Blanche Stuart Scott. Die erste Amerikanerin,
die ein Flugzeug flog
Melitta Schenk Gräfin von Stauffenberg.
Deutsche Heldin mit Gewissensbissen
Katherine Stinson und Marjorie Stinson.
Die fliegenden Schwestern
Kathryn Dwyer Sullivan. Rekordspaziergängerin
im Weltall
Walentina Tereschkowa. Die erste Frau im Kosmos
Élisabeth Thible. Die erste Passagierin
einer Montgolfière
Kathryn Thornton. Berühmte Spaziergängerin
im Weltall
Sabine Trube. Die deutsche Düsenjet-
Kommandantin
Beate Uhse. Deutschlands erste Stuntpilotin
Nancy Bird Walton. Australiens erste
und jüngste Verkehrspilotin

Bestellungen von E-Books bei:
www.grin.com

Taschenbücher von Ernst Probst

Christl-Marie Schultes. Die erste Fliegerin in Bayern
(zusammen mit Theo Lederer)
Tony und Bruno Werntgen. Zwei Leben
für die Luftfahrt (zusammen mit Paul Wirtz)
Frauen im Weltall
Drei Königinnen der Lüfte in Bayern
(zusammen mit Josef Eimannsberger)
Königinnen der Lüfte von A bis Z
Königinnen der Lüfte in Europa
Königinnen der Lüfte in Deutschland
Königinnen der Lüfte in Frankreich
Königinnen der Lüfte in England,

Bestellungen von Taschenbüchern bei:
www.grin.com